1 MONTH OF FREE READING

at

www.ForgottenBooks.com

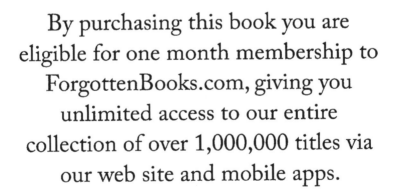

By purchasing this book you are eligible for one month membership to ForgottenBooks.com, giving you unlimited access to our entire collection of over 1,000,000 titles via our web site and mobile apps.

To claim your free month visit:

www.forgottenbooks.com/free587712

W0010086

ISBN 978-0-666-26277-6
PIBN 10587712

EXPOSITIO
DOCTRINAE AUGUSTINI
DE
CREATIONE MUNDI, PECCATO, GRATIA.

DISSERTATIO INAUGURALIS
QUAM

AUCTORITATE AMPLISSIMI PHILOSOPHORUM ORDINIS

AD SUMMOS

IN PHILOSOPHIA HONORES

RITE OBTINENDOS

IN ACADEMIA HALENSI CUM VITEBERGENSI

CONSOCIATA

DIE XXXI. M. MAII A. MDCCCXLIII.

HORA X.

UNA CUM SENTENTIIS ALIQUOT CONTROVERSIS

PUBLICE DEFENDET

ALBERTUS RITSCHL
BEROLINENSIS.

ADVERSARII ERUNT:

C. ROESSLER, THEOL. STUD

G. EISELEN, THEOL. STUD.

O. NASEMANN, PHIL. STUD.

HALIS,
FORMIS EXPRESSUM HENDELIANIS.

HAS LITERARUM PRIMITIAS

PIO GRATOQUE ANIMO

D. D. D.

AUCTOR.

Aurelius Augusunus in renus ecclesiasticis quum suo iam tempore plurimum valuit, tum etiam posteriorum comprobatione atque assensu ita elatus est, ut totius et catholicae et evangelicae ecclesiae doctor et princeps fuisse videatur. Cuius tamen doctrina neque olim neque recentiore tempore iam vacavit acerrimis inimicorum offensionibus, unde nihilo minus intelligas, quanti eius theologia ab omnibus aestimetur. Quo magis mirandum est, usque adhuc viros doctos doctrinae eius explicandae operam tam exiguam tribuisse, quum alias historiae dogmatum partes, quibus tanta gravitas non insit, assidue pertractaverint. Nam liber ille, quo *Wiggers* *) doctrinam Augustini cum sententiis Pelagianorum comparatam exposuit, quamvis accurate et recte differentias inter utrosque depingat, neque totam eius doctrinam comprehendit, neque dignitati eius diiudicandae satisfacit, quippe qui eam modo doctrinae Augustinianae partem exhibeat, quae illo certamine in controversiam vocata est. Quo accedit, quod rem non ita perspectam habet, ut non singulae expositionis partes certo ordine careant. Optime meritus de Augustino intelligendo est *Baur,* qui in historia doctrinae de trinitate**) non solum quid de *hac* Augustinus docuerit, dilucide exposuit, sed etiam epitomen systematis, perspicue dispositam

---

*) Pragmatische Darstellung des Augustinismus und Pelagianismus. 1821.

**) Die Lehre von der Dreieinigkeit und Menschwerdung &c. Th. 1. 1841.

addidit. Praeterea libro eiusdem viri de Manichae_
ismo plura inserta sunt, quibus similitudo doctrinae
Augustini cum Manichaeorum explicatur. Sed ne ab
hoc quidem viro eruditissimo, quum Augustini systema
non nisi per occasionem alius rei investigandae atti_
gerit, res ita, ut ipse postulat, absoluta est. Cui qui_
dem muneri suscipiendo me imparem esse, bene scio:
itaque in eo me continebo, ut quid de peccato et
gratia Augustinus docuerit, exponam. Nam praecipua
eius vis in eo cernitur, quod quum priores ecclesiae
patres omnes vires ad hunc finem intenderent, ut do_
ctrinam de trinitate et de persona Christi omni ex
parte, quantum fieri potuit, absolverent, primus
inter omnes de ratione inquisivit, quae inter deum et
totum genus humanum intercederet. Hanc doctrinam ad
summam religionis christianae pertinentem quum Au_
gustinus condiderit, maiorem is auctoritatem in ecclesia
exercet, quam quisquam patrum ante eum. Cui tamen,
ut recte intelligatur, doctrina de creatione mundi prae_
mittatur, necesse est, quippe cuius ratione non ha_
bita, conditio hominis, quam statuit, cognosci non pos_
sit. Sed ne quis miretur, doctrinam de trinitate a
me ab hac quaestione excludi. Etiam huius doctrinae
novum ordinem inde ab Augustino nasci, bene scio.
Itaque forsitan aliquis putaverit, totam rem mundanam,
ergo etiam creationem mundi, hominumque peccatum ad
trinitatem referenda esse, nimirum propter vinculum ar_
ctum, quo utrumque dogma contineri videtur. Eundem
vero nexum apud Augustinum quoque inveniri posse
nego. Quam quidem rem paucis exponere, eo magis
meum erit, quod cum viro clarissimo *Baur* certare
mihi videor. *Baur* enim filium Dei secundum Augu_
stini sententiam esse unitatem dei et mundi, infiniti et
finiti, ex his locis colligit*): *Verbum dei est incom-*

---

*) l. c. p. 897.

*mutabilis veritas, ibi principaliter atque immutabiliter
sunt omnia simul, non solum quae nunc sunt in universa natura, verum etiam puae fuerunt et quae futura sunt. Ibi autem nec fuerunt, nec futura sunt,
sed tantommodo sunt, et omnia vita sunt et omnia
unum sunt.* (Aug de trinitate IV, 3.). *Una sapientia dei est, in qua sunt immensi quidam atque infiniti thesauri rerum intelligibilium, in quibus sunt
omnes invisibiles atque incommutabiles rationes rerum
etiam visibilium et mutabilium, quae per ipsum factae
sunt.* (de civitate dei XI, 10.). His verbis sane
contendi videtur, in filio dei sive in sapientia incom-
mutabili mutabilia quodam modo simul cogitari. Est
autem mutabilis rei, ut negationem complectatur. Haec
vero negatio, i. e. *nihil* illud, quod Augustinus semper in mundo contineri *docet*, in illis rationibus in-
commutabilibus videtur non conservatum sed sublatum
esse. Quod si est, pro certo habebimus, illa menti
divinae insita archetypa mundi ne cogitationi quidem
mundi veri plane respondere. Nam in cogitatione
quoque rei mutabilis negationem idealiter quidem, ut
breviter dicam, poni debere, manifestum est. Revera
autem omuem negationem ab Augustino a divina substantia prohiberi, ex his eius verbis possumus perci-
pere : *Est bonum solum simplex, et ob hoc solum incommutabile, quod est deus. Quod de simplici bono
genitum est, et hoc est, quod illud de quo genitum
est, quae duo patrem et filium dicimus, — alius est
spiritus, quam pater et filius, sed alius dixi, non
aliud, quia et hoc pariter simplex pariterque bonum
est incommutabile et coaeternum. Ideo simplex dicitur, quia quod habet, hoc et est. — Secundum hoc
dicuntur illa simplicia, quae principaliter vereque divina sunt, quod non aliud est in eis qualitas, aliud
substantia, nec aliorum participatione vel divina vel
sapientia vel beata sunt. Spiritus sapientiae multa in
se habet, sed quae habet, hoc et est, et ea omnia*

unus est. (de civ. dei XI, 10.). Quibus locis quum Augustinus ab essentia dei, qui immutabilis est, negationem abhorrere, iterum atque iterum affirmet, inde recte concludimus, etiamsi sapientia divina rationes mundi complecti dicatur, eandem tamen, sive cogitationem mundi, quia deus eam non ut qualitatem habet, sed quod habet, hoc et est, omnes fines negativos fugere, itaque unionem finiti atque infiniti, quam quis in filii notione positam esse arbitretur, simulatam vanamque esse. Quum igitur in substantia dei simplicissima secundum Augustinum mundus, quippe qui sine negatione ne cogitari quidem possit, non idealiter contineri possit, ad trinitatem creationem mundi referri e sententia eius non esse videtur. Omnino doctrina de trinitate, a patribus ei tradita, Augustinum magis impedivit, quam adiuvit. Vidimus eum tendere eo, ut quam simplicissimam essentiam deo vindicet. Sed quum trinitatis doctrinam reciperet, opus esse videbatur, ut etiam differentia in deo poneretur. Abhorrebat quidem eius sensus ab errore Tritheismi, quo Basilius tres personas divinas Deitatis ut generis sui participare, non veritus est ne contenderet. Sed contrarium, ne personarum differentia in substantiae unitate evanesceret, condemnato Sabellio non minus ab ecclesia reiectum erat. Hunc tamen finem Augustinus semper persecutus est, quamvis propter ecclesiae auctoritatem, mediam quandam viam ingredi studeret. Itaque quamvis diversum sit, patrem esse et filium esse, tamen diversam substantiam esse negat, quum haec non secundum substantiam dicantur, sed secundum relativum. Et, quum in deo quidquam secundum accidens dici nolit, quod accidens mutabile sit, relativum ab accidente eo distinguit, quod non mutabile sit. (de trin. V, 6.). Itaque etiam statuit, spiritum alium quidem esse quam filium et patrem, sed non aliud, et a simplicitate essentiae eximit, id quo relative altera persona ab al-

tera distinguatur. (de civ. dei XI, 10.). Tamen hae
definitiones tam incertae sunt, ut Augustinus ipse personas divinas separatas non possit tenere. Nam filius
permutatur cum sapientia, sapientia vero, quam deus
habere videtur, ipse deus est. Neque vero, quum
tres personae divinae comparentur memoriae, intelli-
gentiae, voluntati animi humani, rem adeo persecutus
est, ut hac trinitate necessariam i. e. immutabilem
formam animi quoque divini contineri doceat, quippe
quam rem modo per analogiam commemorasse videatur.
Quum igitur notionem dei a trinitate ad simplicissimam utique formam semper revocare studeret, iam
perspicuum erit, eam doctrinam, qua vetera de hoc
dogmate decreta firmaret et ad intelligentiam accom-
modaret, non ad ceteras systematis eius partes con-
dendas valuisse, iisque dogmatis, de quibus Augustini doctrinam proponemus, de peccato et de gratia,
decreta de creatione mundi, et quae inde de notione
dei concludantur, praemittenda esse.

I.
De creatione mundi et principali hominum statu.

Augustinus distinguit inter has tres quaestiones,
quis fecerit mundum, per quid fecerit, quare fecerit,
haec maxime de creatura nobis scienda esse ratus.
Primum, a deo mundum creatum esse ita ostendit, ut
iis, qui mundum quippe aeternum ne principium quidem
a deo habere velint, praeter scripturae testimonium
hoc quoque opponat: *Mundus ipse ordinatissima sua
mutabilitate et mobilitate et visibilium pulcherrima spe-
cie quodam modo tacitus et factum se esse et non nisi
a deo ineffabiliter et invisibiliter magno fieri se po-*

tuisse proclamat. (de civ. dei XI, 4.) *Si ergo quaerimus quis fecerit, deus est; si per quid fecerit, dixit: Fiat, et facta est creatura.* (l. c. cap. 21.) Quum igitur verbo dei mundum effectum esse contendat, quaestio iterum ad trinitatem revolvi videtur. Aequiparant enim quum saepius ecclesiae patres, tum alias Augustinus filium dei, trinitatis secundam personam, illi voci creatrici. Sed etiam differentiam inter verbum, tanquam actionem Dei et verbum tanquam relationem in Deo tenet. Illo vero loco *verbum* actio esse videtur, neque a creatione mundi distingui. Magnopere vero, quod iam supra vidimus, actiones et qualitates diversas, quas communis loquendi usus deo tribuit, ad simpliciorem formam revocare nititur. Quare non solum imperio dei simul rem iussam fieri statuit, sed etiam scire et facere in deo quam arctissimo vinculo vult coniungi. Nam scientiam dei nimis ad speciem scientiae humanae referri putat, si eo quod aliquid fecisset, commutaretur. Non igitur deus, postquam mundum fecerat, animadvertit, eum bonum esse. *Sed*, inquit Augustinus, *usque adeo non, cum factum est, tunc didicit bonum, ut nihil eorum fieret, si ei fuisset incognitum. Ibi ergo vidit bonum esse, quod fecit, ubi bonum esse vidit, ut faceret. Nec quia factum vidit scientiam duplicavit, vel ex aliqua parte auxit: qui tam perfecte non operaretur, nisi tam perfecta scientia, cui nihil ex eius operibus adderetur.* (de civ. dei XI, 21.) Si vero scientia dei ab eius operatione non potest distingui, satis est ad creationem mundi, ut deus mundum sciat. Videtur igitur e sententia Augustini vox illa creatrix in dei essentiam ipsam rejicienda esse, neque eo deum ad mundum versum esse, quod ficri jussit, sed per scientiam suam. Deum vero, quod habeat, hoc etiam esse ratus, temporum differentias in ejus scientia locum habere negare debet, quippe quae alioquin in ipsum transirent. *Non igitur more nostro deus vel quod futurum est, prospicit, vel quod praesens est, adspicit, vel quod*

praeteritum est, respicit, sed alio modo quodam a no-
strarum cognitionum consuetudine longe alteque diverso.
Ille quippe .non ex hoc in illud cogitatione mutata, sed
omnino incummutabiliter videt, ita ut illa quidem, quae
temporaliter fiunt, ipse stabili ac sempiterna praesentia
comprehendat. Quoniam tempora ita novit nullis suis tem-
poralibus motibus quemadmodum temporalia movet. (l. c.).
In tali cogitandi. ratione creationem mundi temporalem locum non habere patet. Qua de re ita loquitur: *Quum*
deus, in cuius aeternitate nulla est omnino mutatio, crea-
tor sit temporum et ordinator, quomodo dicatur post tem-
porum spatia mundum creasse, non video, nisi . dicatur
ante mundum iam aliquam fuisse creaturam, cuius mo-
tibus tempora currerent. Cum tempore factus est mun-
dus, si in eius conditione factus est mutabilis motus.
(de civ. dei XI, 6.). *Si deus semper dominus fuit,*
semper habuit creaturam suo dominatui servientem.
(ibid. XII, 15.) Immutabilitas igitur dei vetat, ne voluntas et scientia, motus et quies in eo differant. Qua
re deum *summam essentiam, summum bonum, essen-*
tiam ipsam appellat. Quibus quid consecutus est, si
creationem mundi respicimus? Deus, ne rerum mutabilium' mutabilitatem in ipso patiatur, aeterne earum
creator est, aeterneque ad mundum refertur. Ita vero,
quum necessitatem inter essentiam dei et creationem
tollere non possit, ad hanc summam essentiam, quam
ab omni negatione vindicare ubique summopere studet,
negationi quasi occultum aditum ut ita dicam aperuisse
videtur. Deum enim mundum ex *nihilo* creare Augustinus ita describit: *Quum deus summa essentia sit, h.*
e. summe sit, et ideo immutabilis · sit, rebus, quas ex
nihilo creavit, esse dedit, sed non summe esse·, sicut
ipse est, et aliis dedit esse amplius, aliis minus, at-
que ita naturas essentiarum gradibus ordinavit. Ei natu-
rae, quae summe est, contraria natura non est, nisi quae
nulla est. Ei quippe, quod est, non esse contrarium
est. Et propterea deo essentia nulla · contraria est.

(de civ. dei XII, 2.) Itaque si cum deo aeterne mun_
dus coniunctus est, essentia nihili indiget. Sed negationem non posse essentiae inhaerere putat, quae tunc
cesset summa essentia esse. Ergo essentia semper
nihil excludit. Tunc vero duo mundi principia pari
dignitate sibi opponuntur. Hoc Iulianus Pelagianus
Augustino, qui malum inde oriri potuisse contenderat,
quod homo ex nihilo factus esset, crimini vertit. Nam
hoc inane, inquit, id est nihil, ante quam per rerum
finiretur existentiam, semper fuit. Non ergo factum est
hoc nihil, sed factae sunt creaturae, et illud nihil esse
cessavit. In ea ergo creatura, quae facta de nihilo
est, tu ideo malùm commentaris esse exortum, quoniam
de nihilo facta erat Si ergo ideo malum exortum
est, quia conditio nihili praecedentis id exegit, hoc
autem nihilum aeternum fuit, immutatis semitis inci-
disti et pendes omnino in Manichaei laqueis (ap. Aug.
opus imperfectum contra Iulianum, V, 31.). Augustini
doctrinam ergo dualismum quendam, ita ut essentia
positiva negativae opponatur, complecti dicit. Quod
utique loco supra commemorato, licet invitus, docere
videtur. Simul enim dicit, nihil contrarium summae
essentiae, neque tamen naturam esse. Quid vero naturae vel summae oppositum esse potest, nisi alia natura? Nam contraria sibi non sunt, quae non alia re
unita sunt. Ergo nihil essentiae contrarium et ipsum
natura esse videtur. Ita tamen Augustinus non vult
intelligi, quare Iuliano ita respondet: Aeternum potest
non esse, quod non est. Ego nihilo dare substantiam non potui, ut ob hoc ego quasi constituerem
tenebras aeternas, aeternum scilicet nihil. (l. c.
cap. 37.). At hoc affirmat quidem, sed non probat,
fidemque Iuliano habendam esse, iam apparebit. Unde
enim mutabilitas mundi, unde omnino essentia finita,
nisi illud nihil vim habet summam essentiam finiendi?
Neque vero quod omni essentia caret, ad negandam
essentiam nedum summam valet. Repeto igitur, nihil
quod

quod essentiam negare ac finire valet, ipsum essentia
non esse non potest. Itaque haud scio an Augustinus ab opprobrio Manichaeismi vindicari non possit.
Tamen repugnantiam principiorum non vult admittere,
nihilque illud non aliquod sed plane nihil esse contendit.
Quod tamen quum iterum iterumque affirmet, revera
mundus plane tollitur, neque ab essentia dei amplius
distinguitur. Quod iam nominatim, deum essentiam
mundi esse, docet: *Deus est non solum ipsum bonum,
sed bonum omnis boni.* (de trin. VIII, 3.) *Deus facit
homines ea bonitate, qua naturis omnibus praestat,
ut sint; quam bonitatem, si rebus subtraheret, continuo nihil essent.* (c. Iul. III, 9.) *Si deus potentiam
suam, ut ita dicam, fabricatoriam rebus subtrahat, ita
non erunt, sicut antequam fierent, non fuerunt.* (de civ.
dei XII, 25.) Itaque de mundo dicit: *Inspexi res esse
quidem, quoniam abs te sunt, non esse autem, quoniam id quod es, non sunt.* (confess. VII, 11.). Esse
igitur omnino res finitas Augustinus statuit, sed statim
evertit, quum, quatenus sint, essentiam, i. e. deum
esse dicat, quatenus essentia non sint, omnino non
esse. Tollitur ergo, quum illud nihil ne ullam quidem vim habeat, omne inter mundum et deum discrimen, vereque singula nihil sunt, nisi deus. Sequitur
ergo, finita non nisi esse videri. Secundum hanc sententiam negavit temporum mutationes a deo cognosci;
quare ad hominum tantum imaginationem pertinerent.
Sed quamvis mundus temporum mutationibus decurrat,
tamen non concludit mundum omnino ad deum non pertinere, sed solum menti humanae videri existere. Et
sicut ab illa doctrina, secundum quam mundus in dei
essentia evanesceret, semper eo revertit, ut mundo suam
existentiam extra deum concederet, ita alio loco etiam aeternitatem mundi incerto quodam dicendi genere sustulit.
Quum enim per essentiam dei et aeternitatem mundus et
tempus neque absorbeantur, neque etiam in Deum recepti

2

necessario serventur, tempus, quod semper fuerit, iuxta aeternitatem ponitur. *Nam creatura, inquit, quam deus semper habuit, ei non coaeterna est, erat quippe ante illam, quamvis nullo tempore sine illa, non eam spatio transcurrente, sed manente perpetuitate praecedens.* (de civ. dei XII, 15.) Neque tamen solum eo ut mundi exsistentia teneri, sed etiam ut notio dei conservari possit, doctrinam ad discrimen inter essentiam et nihil reverti oportuit. Qu*od* quum cogitatione inventum sit, non eo potest solvi, ut nihil non esse statuatur. Quum enim essentia illud *nihil* excludat, id necessario ad essentiam pertinet. Si ergo nihil tollitur, essentia ipsa non conservatur.

Quae res quum ita se habeat, ratio originis re rum finitarum intelligendae, dualismi vero evitandi non nisi ita dari videtur, ut negationem essentiae ipsi non contrariam esse sed inhaerere, sive ut ita dicam immanentem esse cognoscatur. Hanc tamen rationem Augustinus longe abfuit, quin mente comprehenderet, sed attigisse eum quodammodo existimamus, quum de causa creationis disserens dicat, non meliorem causam fuisse, quam ut bonum crearetur a deo bono, eandemque Platonis sententiam laudet. (de civ. dei XI, 21.) Iam enim natura bonitatis dei esse videtur, ut ad hunc bonorum condendorum finem tendat, quod si est, bonum sibi ipsi fines sive negationem ponit, quia sibi negatione opus est. Hanc vero rationem difficile est effugere, nisi quis creationem mundi fortuitam censens, eius causae cognoscendae prorsus renuntiet. Quare etiam Augustinus quasi invitus in hanc sententiam incidisse videtur, quum alias negationem non solum a Deo prohibeat, sed prorsus nihil esse statuat.

Hac in re intelligimus Augustinum rationem cogitandi ei similem sequutum fuisse, quam mille annos post *Spinoza* ulterius persecutus tanquam fundamentum toti philosophiae subiecit. Uterque statuit sub-

stantiam sive essentiam ipsam in mundo cum nihilo
coniunctam quidem esse, sed quum altitudo substantiae ab omni determinatione ac negatione abhorreat,
vim nihili nullam vel potius imaginariam esse. Augustinus non cum consilio et scientia, quid faciat,
has cogitationes persequutus est, neque ita ut totum
eius systema inde pendeat, sed quasi vaticinatus.
Nam non solum revertitur ad dualismum tum in hac
doctrina de creatione, tum quum de peccato originali
disserat, sed etiam ubi vim nihili negare studet, non
eo pergit, ut exempli gratia peccatum imaginarium
quid esse contendat, sed in eo se continet, ut id
privationem boni esse dicat. Postquam ergo utrumque docendi genus apud Augustinum aequo iure teneri demonstravimus, nunc ad primorum hominum
statum contemplandum progredimur.

Creaturam, in quantum creatura sit, bonam esse,
Augustinus saepissime repetit. *Natura vero rationalis,*
quae imaginem dei in ipsa mente rationali gerit, est
substantia bonitatis et malitiae capax, ideoque muta-
bilis voluntate, quae ratione utitur. (c. Iulianum I;
8. op. imp. V, 42.). Inde vero recte concluditur,
bonitatem hominis diversum sensum gerere, alterum,
quo universa natura bona est, ita ut etiam homo malus tamen natura bonus sit. Alter sensus ad ratio-
nalem creaturam accommodatus, ad finem spectat, quo
tendant homines necesse est. Nam *mutabilia bona*
adhaerere possunt, ut beata sint, immutabili bono,
quod usque adeo bonum eorum est, ut sine illo misera
esse necesse sit. (de civ. dei XII, 1.). Libertas
ergo voluntatis, qua se ipse movet, hominem supra
naturam universam extollit, quum ad bonitatem naturae bonitatem voluntatis addere ei liceat. Hominibus
ergo ac praesertim primo homini potestas volendi data
esse videtur, non ita ut singula voluntas ex animo
sicut fructus ex arbore oriatur, sed ita ut nolendi simul facultas addita sit. Nam *si necessitas nostra illa*

dicenda est, *quae non est in nostra potestate, sed etiam, si nolimus efficit, quid potest, sicut est necessitas mortis, manifestum est, voluntates* nostras, *quibus recte vel perperam vivitur sub tali necessitate non esse."* (de civ. dei V, 10.). Necessitas vero ea nobis insita est, ut omnino voluntatem alterutram habeamus. Tamen Augustinus ab hac ab ipso posita regula primum hominem eximit, qui non se ipse ad bonum volendum verterit, sed cum bona voluntate creatus sit. (op. imp. V, **38. 61.**) *Fecit deus hominem rectum ac per hoc voluntatis bonae. Non enim rectus esset, -bonam non habens voluntatem. Bona igitur voluntas opus est dei."* (de civ. dei XIV, 11). Relinquit solam illam quaestionem, non unde bona, sed unde mala eius voluntas postea oriri potuerit. Quamobrem voluntas primi hominis corrupta videtur esse. Nam si deus eum rectum fecit, ita ut etiam bonam voluntatem adderet, coactus erat in hac natura permanere, neque sive vellet sive nollet, inde deflectere potuit. Nam bona voluntas ita creata non voluntas sed natura est. Itaque, quamvis Augustinus libertatem primo homini vindicare studeret quod ille tam liberae voluntatis fuisset, ut dei praeceptum magnis mentis viribus observaret, (op. imp. VI, **14.**) tamen simul hanc voluntatem ad dei operationem revocat. Quippe liberum arbitrium ad bonum parum sit, nisi adiuvetur ab omnipotenti bono. *Sed haec gratia non ea est, quae faciat ut homo bonum velit, sed quae faciat ut homo iustitiam habeat si velit. Quod adiutorium si non per liberum deseruisset arbitrium semper esset bonus.* (de correptione et gratia 11.) Sed haec demonstratio in orbem recurrit. Si enim voluntas bona illius adiutorii indiget, ita quoque gratiae adiutorium indiget, ut voluntas bona sit. Si ergo voluntas mala in homine incipit, adiutorium gratiae cessat: nisi vero gratia sine qua non exsistit voluntas bona, desivisset, non potuisset voluntas peccatum eligere. Ideo facile est, inde concludere,

deum hominem ad peccandum compulisse, cum e gratia
sua eum dimiserit. Augustinus diserte hanc Adamo
praebitam gratiam ab ea, qua deus in peccatoribus
bonum operetur, ita distinguit, *ut illa sit, sine qua
non, haec per quam voluntas bona fiat.* (l. c.) Illam
vero gratiam, quae voluntati libere bonae adstricta est,
miror, quomodo Augustinus gratiam esse censuerit.
*Nam homo non meruit voluntate bona gratiam, quia
meritum bonum habuit quidem, sed in adiuta divini-
tus voluntate recta.* (de civ. dei XIV, 27.) Et gratia dei secundum Augustini sententiam nulli conditioni
se subiicit, sed libere utique operatur. Aut igitur illa
gratia inaniter ita appellatur, aut homo peccato inci-
dit quia deus eam subtraxerat. Ex his ambiguis in-
certisque definitionibus hoc perspicitur, creatam et divina gratia adiutam voluntatem hominis in se ipsa per-
versam esse. Neque illa libertas Adami eo ex contradictionibus liberatur, quod ad bonam voluntatem
possibilitas peccandi addatur. Nam quum voluntas
bona creata a necessitate naturae non differat, non
potest fieri, ut tali necessitati possibilitas contrarii
insita sit. Tunc peccatum ipsum non fortuitum sed
prorsus impossibile esse videtur. Nam ea libertas
nulla est, quae non aeque ad bonum malumve se
determinare possit. Hoc vero Pelagius eiusque
socii suo iure homini vindicabant, quorum doctrinam secundum definitiones Iuliani (op. imp. V.) pro-
ponere liceat: *Necessarium hoc dico, quod maioribus
causis fuerit coactum. Necessarium ergo vocamus non
quod in iure sit voluntatis, sed quod patiatur existendi
vim. Possibile autem dicimus, quod nec exsistendi nec
non exsistendi in alteram partem patiatur necessitatem,
sed certis modis et possit esse et possit non esse.* (c. 46.)
*Quidquid habent creaturae naturaliter a necessarii parte
sortitae sunt.* (c. 47.) *A necessario est possibilitatis natura, quum non sit necessarius possibilitatis effectus.
Libertatem ergo a necessario habet, voluntatem a pos*

sibili. (c. 58.). *Ita possibilitatem habere cogimur, uti autem vel bene vel male ipsa possibilitate non cogimur.* (c. 60.). *Liberum dici non potest, nisi quod sine aliquo naturalium coactu in iure emancipatae constiterit voluntatis.* (c. 28.). *Necessitatem boni homo pertulisset, si non habuisset possibilitatem mali. Ut ergo constaret ius boni admissa est possibilitas mali.* (c. 61.). *Et boni possibilitas et mali bona est. Per hoc suppetit homini habere proprium bonum, per quod ei subest posse facere malum.* (I, 71.) His verbis fines necessarii et voluntarii in homine satis recte delineati sunt. Sed ne quis arbitretur, hanc libertatem eligendi plus quam initium libertatis ipsius esse. Recte significatur, hominem iure suo omnibus rebus, etiam bono maloque oppositum esse: sed cur ad horum alterutrum voluntas moveatur, e scientiae necessitate non probatur. Haec possibilitas eligendi sola forma voluntatis est, quae materiae cuiusdam, ut ita dicam, qua repleatur, indiget. Unde vero haec materia voluntatis in ipsam voluntatem transeat, et cur, quum bonum hominis voluntati tanquam finis propositum sit, possibilitas contrarii addita sit, hoc Pelagiani non curaverunt. Quum vero in homine tum appetitus naturales, tum conscientia summi finis voluntati se praebeant, quorum altera parte repleatur, officium hominis est, ut appetitus conscientiae subiiciat, quos si contra conscientiae consilium voluntas eligit, mala fit. Quoniam autem hoc duplex in homine sit, et conscientia et appetitus, patet, eum ab initio utriusque et boni et mali possibilitatem habere oportere. In hac vero contradictione tota de Adamo historia apud Augustinum versatur, quod quum eius natura voluntate mutabilis sit, tempus fuisse dicatur, ubi praevalente voluntate bona a deo creata, illa facultas se mutandi quieverit. Itaque Augustinus putat, Adamum eiusmodi fuisse, ut posset non peccare, et si a peccando se abstinuisset, maius aliquid, non posse peccare, accepisset. (op. imp. VI, 12.). Nonne vero mutabilitas creaturae ita intelligenda est, ut mutari eam oporteat? Nisi enim in possibilitate mutandae eius haec necessitas involuta est, ut homo revera voluntatem mutet, qua re deus hominem praecellit, si hic periculo peccandi evitato ad immutabilitatem voluntatis se extollat? Eodem modo censet Augustinus, possibilitatem moriendi Adamo insitam esse, sed ita, ut necessitatem mortis evitare posset, si peccatum non commisisset. (op, imp. IV, 79; VI, 22; de pecc mer. I, 2.) Si a peccato se abstinuisset, non passus mortem ad maiorem immortalitalem, qua non potuit mori, pervenisset. Hac in re quoque Augustinus perperam aliquid possibile esse statuit, quod vero ut nunquam fieret, postulavit. Quae vero possibilitas est, quae non efficiatur? In impossibilitatem potius vertitur nisi eam effectus sequitur. Mutabilitas igitur hominum minime servatur, nisi mortem necessariam, et possibilitatem peccati talem esse existimamus, quam revera effectus sequatur. Quum vero naturam hominis a mutabilitate semper ad immutabilem et perfectum conditionem revocaret, praeter bonam voluntatem etiam excellentissimam sapientiam a deo Adamo inditam esse statuit, ita ut *si ingeniosissimi eius ingenio comparentur, longe amplius, quam celeritate a volucribus testudines distent.* (op. imp. V, 1.). Simul, si in paradiso aliquid discendum fuerit, hoc sine labore discitum esse contendit, *quia tormenta discentium ad condemnati seculi miserias pertineant.* (ib. VI, 9.). Quare negat quoque iam ab initio certamen inter spiritum et carnem fuisse, (op. imp. VI, 14. 16.) quamvis Iulianus eam ob causam concupiscentiam ante peccatum fuisse existimet, quia ad delictum via per concupiscentiam fuerit, quae si intra limitem concessorum teneatur affectio naturalis et innocens sit. (ib. I, 71.). Hóc loco ad formam voluntatis malae etiam materia additur. Quod tamen Augustinus non potuit concedere, quia appetitus naturales in Adamo iam bona voluntate subiecti esse videbantur.

Augustinus videtur fere historiam Adami ad principia mundi supra exposita conformasse, ut, sicut mundus creatus e nihilo, statim quum nihil nihil sit, exsistentia spolietur, ita mutabilitas homini tributa statim ad immutabilitatem revocetur. Augustinus autem non tam accuratam scientiae explicationem persecutus est, quam historiam de prima hominum conditione e scriptura sacra recepit ea causa, ut peccatum non ad *deum* referri posse probetur. Si enim necessitatem doctrinae de principiis mundi secutus esset, aut differentiam hominis a deo tolli, aut eam vim nihilo concedi oportuit, ut aequa vivendi bene ac peccandi possibilitas in homine appareret. Iam vero ex hac doctrinae parte cognoscimus, in Augustino studium, scientiam ad puritatem principiorum redigere coniunctum fuisse cum obedientia erga auctoritatem historiae sacrae. Itaque in eius doctrina semper ratio et fides historica inter se decertant, ita ut vera unitate eas comprehendere non valeat. Hoc etiam in sequenti explicatione manifestum erit.

II.

De peccato.

Mutabilitas humanae naturae in eo primum apparuit, quod Adam praeceptum dei, ne a fructibus arboris in paradiso ederet, non servavit. Ad quod peccatum a diabolo seductus est. *Superbus enim ille angelus ac per hoc invidus stanti invidebat. Nec ideo minus reus sed sciens prudensque homo peccavit.* (de civ. dei XIV, 11). Munus diaboli ergo hac in re non tanti aestimandum est, ut ad intelligendum hominis peccatum illius historiam, qualem Augustinus narrat, interponamus.

Quum

Quum persuasio diaboli hominis peccati non causa esset, primum causam efficientem illius peccati in alia re quaeri oportet. Augustinus igitur primum eam opinionem abiicit, qua malum iam naturae insitum esse putetur. *Quia mala sine bonis esse non possunt, quoniam naturae in quibus sunt, in quantum naturae sunt, utique bonae sunt* (de civ. dei XIV, 11.). Huius porro malae voluntatis causa efficiens si quaeratur, nihil invenitur. Nam *mala voluntas in natura bona exoritur, quomodo ergo res bona efficiens est voluntatis malae?* (l. c. XII, 6.). *Nemo ergo quaerat efficientem causam malae voluntatis: non enim est efficiens sed deficiens. Deficere enim ab eo, quod summe est ad id quod minus est, hoc est incipere habere voluntatem malam.* (l. c. XII, 7.). Sed etiamsi accipimus voluntatem malam 'esse defectum a bonitate sive privationem boni (c. Iul. I, 8.), qui fit, ut voluntas non a Deo solum, sed a se ipsa deficiat? Si enim bona voluntas homini a deo indita est, natura eius est, bonum velle, neque vitium solum sed etiam possibilitas peccandi contra eius naturam est. Neque ea causa dicitur homo a bonitate defecisse, quod habuerit carnem, *sed vivendo secundum se ipsum factus est similis diabolo.* (de civ. dei XIV, 3.). Malae voluntatis initium superbiam, i. e. perversae celsitudinis appetitum esse censet. *Ita inclinatus ad se ipsum minus erat, quam erat, quum ei, qui summe est, inhaereret.* (l. c. 13.). Sed quum ipse gratia dei adiutus bonam voluntatem haberet, si ad se ipsum se convertebat, ad bonum quoddam conversus est, neque opus erat, ut propterea dei oblivisc900 Si ergo homo ad se ipsum conversus a deo defecit, opus est, ut mutabilitati suae indulserit. Quoniam vero in mutabilitate id quod a deo distet *nihil* sit, peccatum inde exoriri videtur, quod homo huic nihilo adhaereat. Homo vero ut bonus non potest ita ad nihil voluntatem dirigere, quare in ipsa voluntate mala vis nihili apparet. In hanc sententiam docere videtur: *Ut humana natura ab eo a quo facta est, deficiat, ex hoc habet, quod de nihilo facta est.* (de civ. dei XIV, 13.). Quamquam igitur peccatum e vi nihili originali repetit, tamen statim hunc dualismum pati minime vult. Nam alio loco demonstrat, se, quum dixerit, ideo potuisse oriri malam voluntatem, quia homo de nihilo factus sit, non necessitatem tribuisse tali causae sed possibilitatem mali. (op. imp. V, 38.). Et pergit: *Malae voluntatis suae unusquisque auctor est, quia malum vult. Sed cum quaeritur, quare homo possit habere malam voluntatem, quamvis ut habeat non sit necesse, non origo quaeritur voluntatis, sed ipsius possibilitatis. Et huius causa invenitur, quia hoc est cuique naturae, de nihilo factam esse.* (l. c. c. 42. cf. 60.). Disertis igitur verbis possibilitatem quidem peccandi ad vim nihili deducit, sed effectum malum inde exoriri negat. Mavult igitur possibilitatem volendi et voluntatem ipsam ita sibi opponere, ut cur homo ab illa possibilitate ad voluntatem progrediatur, argumento careat, quam contraria sibi essentiam et nihil esse concedere. Nam addit loco supra commemorato, *nihil,* quo possibilitas mali in homine condita sit, vim non habere, quia non sit *aliquid.* Sed quamquam oppositionem principiorum negasse videatur, tamen alia reliquit opposita, necessariam mali possibilitatem et fortuitum malae voluntatis effectum. Ea causa ergo causam efficientem malae voluntatis quaerere defendit, ut fortuito et ex improviso malam voluntatem deo obviam esse demonstraret. Et quum peccatum non nisi privationem boni esse contenderet, voluit prohibere, quominus malum contrariam bono vim habere videretur. Veretur, si peccatum ipsum ad vim nihili referat, ne sibi obiiciatur, se sicut Manichaeos libertatem tollere. Si vero accuratius inquirimus in hanc rem, tamen illud concedere videtur. Nam *tota creatura mutabilis est, quia de nihilo facta, ra-*

tionalis vero creatura sola voluntate, quae ratione uti-tur, mutabilis est, (1. c. cap. **42.**) ergo iu voluntate mala, qua homo mutatur, vim nihili animadverti necesse est. Quum enim immutabilitas dei non sit possibilitas non mutandi, sed necessitas, ita etiam iu mutabilitate hominis positum est, ut necessario mutetur. Quem ad finem tamen doctrinam ab Augustino non deductam esse iam vidimus. Sed consentit cum Pelagiauis iu eo, quod peccatum fortuito exortum sit, quorum doctrinam cum illa comparare liceat. Sequimur verba Iuliani: *Ut voluntas bona aut mala sit, homo ab hac possibilitate eo movetur, ut aut praeceptum iustitiae sequatur, aut admittat vel retineat quod iustitia vetat.* (op. imp. I. **44.**). *Sed possibilitas, quamvis conditio voluntatis sit, non est causa, sed quum illa adhuc ad dei opus pertineat, voluntas ipsius operis existentiam a se suscipit* (1. c. I, **47.**). *Non ideo peccavit homo quia liberi arbitrii factus est, sed ideo quia voluit.* (1. c. V, **60.**). Itaque etiam a Iuliano terminos constitutos esse videmus, ultra quos divina potestas non progreditur; voluntas iu se ipsa condita, si mala est, deo sua vi obvia esse potest. Quare autem voluntas mala fiat, nihil certi apud Pelagianos invenimus. Nam si Iulianus concupiscentiam primo peccato praecedere dicit, non debemus concludere, peccatum iu voluntate per quandam concupiscentiae incitationem necessario exoriri. Neque enim ullam necessitatem inter incitationem concupiscentiae et consensionem voluntatis esse statuitur, sed si consentiat, ex sua ipsius auctoritate voluntatem id agere. Neque si sententiam Pelagii contemplamur, quaestionem solutam esse inveniemus. Contendit enim (ap. Aug. de gratia 18.), possibilitatem utriusque partis radicem fructiferam et fecundam esse, quae ex voluntate hominis diversa gignat et pariat, et quae possit ad proprii cultoris arbitrium vel nitere flore virtutum, vel sentibus horrere vitiorum. Nam iu possibilitate utriusque, forma illa voluntatis, causa utique neutrius voluntatis sita. est. Sed quum id voluntati ipsi permittatur, non demonstratur materia voluntatis, in qua conditio, qua voluntas aut bona · aut mala sit, datur. Voluntas autem, qualem Pelagiani definierunt, in se ipsa inanis est. Ut ergo aut bona aut mala fiat, fortuito accidit. Quum enim voluntas eo liberior sit, quo magis semper in possibilitate boni malique se continet, neque in hac ipsa causa, ut aut bono aut malo se repleat, posita sit, voluntas ad virtutem aut ad peccatum se convertit non sua ipsius indole permota, sed externa quadam. conditione compulsa. Quamobrem haec ratio docendi fini proposito non satisfaciat, iam supra significavimus. Error · autem et Augustini et Pelagianorum, propter quem etiam peccatum non nisi fortuitum agnoscere potuerunt, - in eo erat, quod voluntatem hominis in processu esse nollent. Nam · quum processus differentiam in se ipso contineat, ita ut eam solvat, utrique hanc a voluntate prohibuerunt, sive alter a deo repletam, alteri inanem homini voluntatem esse contenderunt.

Nunc .vero quaerendum est, quomodo peccatum ad ordinem mundi a deo constitutum conveniat, quum Augustino certum sit, malas voluntates ab illo non esse (de civ. .dei V, 9.). Augustinus ipse diversa huic quaestioni respondet. Videtur ei peccatum ad ordinem mundi aptum esse, quum hoc dicat: *Sicut pictura cum colore nigro, loco suo posita, ita universitas rerum, si quis possit intueri, etiam cum peccatoribus pulchra est, quamvis per se ipsos consideratos sua deformitas turpet.* (l. c. XI, 23.). Is vero, qui tam universali contuitu totum mundum comprehendere potest, ut malum non contrarium esse videatur, nemo esse potest nisi· deus ipse. Et haec sententia sequitur illam rationem, qua mutabilitas mundi ad essentiam summe immutabilem non. pertinere, sed e finibus per *nihil* positis soluta a summa essentia recipi dicitur. Itaque malum in mundo deus non constare sed statim evanescere patitur.

*Tantae enim est sapientiae tantaeque virtutis, ut in eos
exitus sive fines, quos bonos et iustos ipse praescivit,
tendant omnia, quae voluntati eius videntur adversa.*
(de civ. dei XII, 2.). Itaque malum non nisi in opinione hominum consistere videtur, nam pergit illo loco:
*Quum deus mutare dicitur voluntatem, ut quibus bo-
nus erat, verbi gratia, reddatur iratus, illi potius quam
ipse mutantur, et eum quodammodo in his quae patiun-
tur inveniunt: quum ipse apud se ipsum maneat idem
qui fuit.*

Si igitur peccatum ad deum non pertinet, esse
quidem videtur, sed utique prorsus non est. Sicut
autem cum proprie exsistere mundum negatur, tum ei
vera essentia mutabilis tribuitur, ita a talibus de peccato sententiis, transgreditur eo, quod malum etiam
coram deo exsistere docet. Praescientia et operatio
dei iam distinguuntur, ut de voluntate hominis tanquam de aliena re sciat. Dicit enim: *Quomodo ordo
causarum, qui praescienti certus est deo, id efficit, ut
nihil sit in nostra voluntate quum in ipso causarum
ordine magnum habeant locum nostrae voluntates? Non
propterea nihil est in nostra voluntate quia deus praescivit quid futurum esset in nostra voluntate.* (de civ.
dei V, 9. 10.). Itaque concedit alteram potentiam
quam deum mundi ordini vim inferre. Sed statim additur certa spes, hanc perturbationem sublatum iri:
*Non enim homo peccato suo divinum potuit perturbare
consilium, quia deus praesciendo utrumque praevenerit,
i. e. et homo, quem bonum ipse crearit, quam malus
esset, futurus, et quid boni etiam sic de illo esset ipse
facturus.* (de civ. dei XIV, 11. cf. 27.) Hanc poste-
riorem rationem, qua peccato existentia tribuitur, sequitur doctrina de peccato originali, et quum ut peccatores gratia reconciliarentur Augustinus postulat, talem
gratiam postulat, quae voluntatem homini propriam
agnoscat.

Praecipue autem ex eo, quod deus peccatorem

punire statuit, colligitur, deum propriam peccati vim agnoscere. Quanta autem poena Augustinus peccatum affectum esse censet, cognoscimus ex his: *Quum requiritur quam mortem deus primis hominibus fuerit comminatus, utrum animae an corporis an totius hominis, an illam quae appellatur secunda, respondendum est: omnes. Prima constat ex duabus, una animae, altera corporis, secunda vero, ubi anima sine deo cum corpore aeternas poenas luit.* (de civ. dei XIII, 12.). Quod tamen non solus Adam passus est, sed haec poena in universum genus humanum translata est, quia simul etiam peccatum eius in omnes, qui ex eo exorirentur propagatum est. Primum ergo Adami delictum peccatum originale totius generis tanquam poena sequitur. *Nam illud multo est grandius, quam iudicare possumus.* (op. imp. VI, 23.). *Frustra ergo peccato illius peccata filiorum quamlibet magna et horrenda vel aequare vel etiam praeferre conaris.* (ib. 22.). Ideo haec quoque poena Adamo constituta est, ut omnes ab eo geniti ab origine peccatum haberent. Sed hanc rationem non ita tenet, ut non saepius eam causam peccato originali subiiciat, omnes homines puniri, quia omnes in Adamo peccaverint. Ita vero non alius sed propriam poenam ferre deberent. Propterea Augustinus, cum Iulianus deum iniustum et nascentium persecutorem fore dicat, qui pro mala voluntate parvulos ignibus aeternis tradit, quos nec bonam nec malam voluntatem scit habere potuisse, — respondet, eos non alienam sed proprii delicti poenam pati, quia in lumbis Adami omnes simul peccaverint. (op. imp. I, 48.). Sed hanc rem non recte cognoscemus, nisi antea quid peccatum originale sit, exposuerimus.

Docet ergo, quemvis hominem nascentem concupiscentiae subiectum esse, qua certamen carnis contra spiritum moveatur. *Parvulus in quo adhuc rationis nullus est usus, voluntate quidem propria nec in bono est nec in malo, quia nullam in alterutrum cogitatio-*

nem versat, sed utrumque in illo consopitum vacat, et bonum naturale rationis et malum originale peccati. Sed annis accedentibus evigilante ratione venit mandatum et reviviscit peccatum, quod aut vincit et damnabitur, aut vincitur et sanabitur. Non tamen ideo malum hoc nihil nocuisset, etiamsi prius quam in eo apparere coepisset, parvulus hac exisset e vita: quia reatus eiusdem mali, quo reum facit, in quo est, generatione contrahitur. (c. Iul. II, 4; cf. c. duas epp. Pelagianorum I, 9.). Malum concupiscentiae ingenitae per se ipsum tam magnum est, et ad hominis damnationem et a dei regno separationem tantum habet obligationis, ut &c. (c. Iul. VI, 18.). Certamen autem illud, quod caro contra spiritum instituit, non inter aequales viribus conseritur, quum concupiscentia ne consensu quidem voluntatis indigeat, ut mala agat et spiritum coerceat. (de nupt. et concup. I, 27. 30.). Manet enim etiam sine voluntate, ita ut ea quisque invitus peccet. (op. imp. IV, 100.). Sed iam additur maius aliquid: Per arbitrii libertatem factum ut esset homo cum peccato, sed iam poenalis vitiositas subsecuta, ex libertate fecit necessitatem. — Quia peccavit voluntas, secuta est peccantem peccatum habendi dura necessitas. (de perfectione iustitiae hom. 4.). Delinquendo, i. e. rectitudinem in qua homo factus erat, depravatione mutando, cum supplicio secutum est, non posse recte agere. (op. imp. VI, 12.). Neque aliud quam necessitas peccandi est, si dicit, non liberum arbitrium quidquam nisi ad peccandum valere. (de spir. et lit. 3.).

Concupiscentia autem illa, unde varia peccata oriuntur, praecipuam in libidine sexuali vim habet, quae maxime dominationem rationis consensumque voluntatis fugere videtur. Itaque Augustinus, quum de certamine illo in homine disserat, praesertim huius libidinis motuum rationem habet. Nam in libidine venerea summa peccati contineri videbatur, quia eadem

peccatum in posteros propagaretur. ` Nam sicut concu-
piscentia homines ad generandum. componeret, ita
generatum eadem - infici arbitratus est. Sed iam. in
describenda foeditate eo progreditur, ut malum naturam hominis esse praedicet: *Tale ac tantum fuit
Adami peccatum, ut posset in hoc malum tunc ipsam
mutare naturam, eamque ineffabilis apostasiae merito
facere cum stirpe damnandam.* (op. imp. III, 56).
*Hoc malum quo caro concupiscit adversus spiritum
praevaricatione hominis primi in naturam vertit.* (l.
c. ` II, 15.). Toti generi hominum ita vitiato-
rum dtiabolus praeest, quod Augustinus variis sententiis docet: *Hoc generi humano inflictum vulnus · a diabolo (sc. concupiscentia) quidquid per illud nascitur, co-
git esse sub diabolo tanquam de suo frutice fructum
iure decerpat.* (de nupt. et. concup. I, 23.). Ita
quam brevissimis verbis hominis conditionem omni bonitate destitutam ex Augustini sententia descripsimus.
Iam vero ad iudicium progredimur considerandum,
quo ipse tales opiniones damnat Iustum erat, Pelagianos ex illa doctrina concludere, Augustino substantiam hominis malam esse videri, eique obiiciebant,
quod Manichaeorum partibus faveret. Sed quando Iulianus ei hoc opponebat, semper se defendit eo, quod
natura vel 'substantia hominis bona maneret, etiamsi
quis malus esset, quia vitium substantiae bonae tanquam accidens adhaereret. (op. imp. III, 189. de
nupt. I, 24.). Omnino negavit naturam malam esse
posse, sed in quantum natura esset, eam bonam esse.
Ideo his verbis naturam et vitium distinxit: *Natura
humana, si malum esset, non esset generanda, si
malum non haberet, non esset regeneranda.* (de nupt.
II, 21.). Sed tam facile ab altera sententia ad alteram vertitur, ut earum rationem eum non perspexisse
pateat. Dicit enim: *Illo magno primi hominis peccato
natura nostra in deterius commutata, non solum facta
est peccatrix, verum etiam generat peccatores, et tamen
lan-*

languór, quo bene vivendi virtus periit, non est utique
natura sed vitium sicut certe mala in corpore valetudo
non .est ulla substantia vel natura, sed vitium. (de
nupt. II, 34.). Omnino si hanc cogitandi. rationem
persequitur, peccatum originale tanquam mala valetudo
vel affectionalis qualitas esse ei videtur. (c. Iul. VI,
18.). Itaque etiam in hac re duplex docendi genus
proposuit, quod iam supra ostendimus. Ad eam doctrinam quae vim nihili negat. et peccatum ad .dei
cognitionem pertinere, et aliud quam privationem boni
esse non vult, accommodatum est, vitium originale accidens naturae bonae appellari. Rursum tamen propria vis mali qua deo resistere potest, per vitium originale autem omnes creaturas occupat, referenda est ad
vim et potestatem, quod *nihil* contra deum obtinuit.
Quum igitur inter haec duo fluctuaret, ad mitiorem
confugit doctrinam si duriorem servari non posse pu-
tabat; sicut noluit homines per peccatum originale ad
bestiarum statum deiici, quia libidinis potestas natura
quidem pecoris, poena autem hominis sit. (op: imp.
IV, 41. de pecc. or. 40.).

Hanc igitur peccati potestatem Augustinus non ita
poenam delicti alieni, sed omnibus hominibus proprii
esse contendit. Quia *manifestum certe est, alia [esse*
propria cuique peccata, in quibus hi tantum peccant,
quorum peccata sunt, aliud hoc unum, in quo omnes
peccaverunt, quando omnes ille unus homo fuerunt.
(de pecc. mer. I, 10.) Quomodo autem hoc cogitari
velit, quod omnes unus fuerint, ex his locis perspi-
ciemus: *Illud non dicitur propter arbitrium singulorum*
sed propter originem seminis, unde omnes futuri erant.
secundum quam originem omnes in illo uno erant, et
hi omnes unus ille erant, qui in se ipsis nulli adhuc
erant. Secundum hanc originem seminalem etiam Levi
in lumbis patris sui Abraham fuisse dicitur, quando
a Melchisedech decimatus est Abraham, (Hebr. 7, 10.)
unde et ipse Levi tunc decimatus ostenditur, ·non in

4

se ipso, sed in illo, in cuius fuit lumbis, nec voluit nec noluit decimari, quoniam nulla eius voluntas erat, quando secundum substantiam suam nec ipse adhuc erat, sed secundum rationem seminis. (op. imp. IV, 104.) *Nondum erat nobis singillatim creata et distributa forma, in qua singuli viveremus, sed iam natura erat seminalis, ex qua propagaremur, quia scilicet propter peccatum vitiata.* (de civ. dei XIII, 14.) Sed facile intelligitur, peccatum, quod omnes ita commisisse dicuntur, singulis non ut proprium imputari posse, quum qui vi seminis exsistunt, non revera exsistant, neque voluntatem neque meritum habere possint. Et Augustinus ipse solet hac ratione docendi relicta eam sententiam tenere, qua certissime peccatum originale hominibus alienum esse probatur: peccatum per contagium in uno quoque haerere. (op. imp. IV, 98.) Eodem modo vitium inseminatum esse, (de nupt. II, 33.) vitia paterna iure seminationis et germinationis nostra esse (op. imp. I, 48.) et his similia saepius repetit: in quibus verbis patet, peccatum originale tanquam alienum hominibus nascentibus tradi videri. Quum igitur notio de peccato originali in summa ambiguitate haerere videatur, iam perspicuum est, Augustinum indolem spiritus et naturae cogitatione omnino confudisse, cum peccatum generatione in hominem intrare contenderet. Cuius rei etiam clarum documentum in his verbis ad Iulianum directis est: *Motus animi quid est, nisi motus naturae? Animus enim sine dubitatione natura est: proinde voluntas motus est naturae, quoniam motus est animi. Cur ergo reprehendis, quod dicitur naturale peccatum, quum ipsam voluntatem tu dicere convincaris esse naturam? Sed natura non sit voluntas: certe tamen nisi in natura non potest esse: motus est animi, animusque natura.* (op. imp. V, 40.). Quamobrem, sicut bona voluntas Adami creata esse videbatur, etiam peccatum ceterorum hominum adeo creari docere potuit: *Deus parvulos ex massa per primi hominis prae-varicationem perdita creavit, habituros peccatum et damnationi aeternae obnoxios.* (op. imp. IV, 2, 4.; de pecc. or. 31.). Quamvis igitur Augustinus, tanta vi ac potestate peccato tributa, simillimam Manichaeismo doctrinam proferre videretur, negavit tamen acriter, quum eam ad eas sententias referre soleret, quibus vitium accidens quoddam contendit esse. Quas tamen non amplius persecutus est, quum naturam bonam ab initio nihil boni operari statueret. Uno tantum loco libri de spiritu et litera (cap. 28.) quem in initio certaminis cum Pelagianis composuit, in talem sententiam disserit. Dicit enim: *quia non usque adeo in anima humana imago dei terrenorum affectuum labe detrita est, ut nulla in ea velut lineamenta extrema remanserint, merito dici possit, etiam in ipsa impietate vitae suae facere aliqua legis vel sapere. Nam remanserat utique id quod anima hominis nisi rationalis esse non potest: ita etiam ibi lex dei non ex omni parte deleta per iniustitiam est.* Postquam ergo totam hanc doctrinam proposuimus, opus est, ut et eas sententias, quibus Pelagiani et praecipue Iulianus eam oppugnabant, et quam imbecillis argumentis Augustinus tales impetus reiicere conatus sit, perlustremus.

Primum igitur Iulianus iudicat, non nisi voluntarium peccatum esse, ubi libertas non explicata sit, non esse voluntatem, ergo parvulos ab omni peccato vacare. (op. imp. I, 48.) Nam omnino necessitatem et voluntatem simul esse non posse. (l. c. IV, 103.) Haec res quidem spectat ad universam rationem voluntatis a natura distinguendae. Sed Augustinus non de hac lege universa respondet, sed singula quaedam speciosiora quam veriora opponit. Commemorat, esse etiam peccatum non voluntarium, quum quis faciat, quod non velit. (l. c. IV, 93.) Sed quum quaestio de universa volendi ratione instituta sit, quid valuit haec exceptio contra legem? Pa-

riter imbecillum argumentum profert, si dicit, necesse
esse ut velimus beate vivere, ita ut voluntas necessi-
tatis aut necessitas voluntatis esse possit. (l. c.).
Nam concedit voluntatem esse, quam 'alias necessitate
subvertere solet. Et tota quaestio in eo versabatur, an
forma voluntatis a naturae necessitate differat, neque
vero an forte voluntas ad finem fortuitum aut necessarium
se moveat. Ita etiam a via omnino deflectit, quum
contendat, quum moriendi necessitas sit, posse etiam
aliquem mori velle. (l. c. 103.). Plane perversum
autem est, quod libertatem, qua aut bonum aut malum
eligatur, eo refutare conatur, quia deus liber sit, quamvis malum velle non possit. (l. c. I, 100.). Nam
leges animi humani non licet confundi neque permutari
cum notione dei. — Pelagiani, quum aliter hac doctrina libertatem violari exsistimarent, Augustinum tamen simul eam tueri, quod legem dei peccatoribus
dari agnosceret, ostenderunt. Cur enim iubet deus,
quod scit nullum hominem esse facturum? (de pecc.
mer. II, 16.). Et Iulianus dicit, Augustinum magna
rabie in totam legem fremere, quam credat ea im-
perasse mortalibus, quorum apud eos nullam faculta-
tem videret. (op. imp. III, 116.). Augustinus vero
mavult notionem legis confundere vel potius tollere,
quam libertatem implendae eius homini tribuere. Respondet enim: *Haec imperat deus, quae fieri possunt,
sed ipse dedit ut faciant eis qui facere possunt et fa-
ciunt, et eos qui non possunt, imperando admonet, a
se posci ut possint.* (l. c.). Si autem homines bonum facere non possunt, imperium legis ad eos plane
non pertinet. Vitium vero originale non solum libertatem tollere, sed si in posteris Adami huius peccatum puniatur, etiam iustitiam dei laedere videbatur.
Iam Pelagius nulla ratione concedere voluit, deum,
qui propria peccata remittat, imputare aliena. (de
pecc. mer. III, 3.). Iulianus iniustum esse statuit,
imputari naturale peccatum (op. imp. I, 31.), nam non

licere pro alienis peccatis aliquos reos teneri, et reatum iniquitatis parentum nascentibus per semina tradi.
(l. c. III, 11.). Talibus sententiis Augustinus respon-
dit, peccatum originale cuiusque proprio merito con-
tractum esse: sed iam vidimus, quomodo ad illam
aliam sententiam reversus sit, quam Pelagiani iure
damnabant. Ille vero, ne hoc concedere deberet, hoc
argumentum attulit, dei iustitiam multo excelsiorem
esse quam humanam, et ab hac longe distare, ideoque utramque comparare vetuit. (op. imp. III, 24.).
Quod quum tamen totam rem incertam relinquat, ne
Augustinus quidem scire potest, an damnatio peccati
originalis iusta sit. Solet vero ecclesia vetus hoc
modo mentem investigantem a re inquirenda impedire,
quod suam opinionem praesidio mysterii divini tueatur,
eam quanto magis a communi ratione abhorreat, eo
maiorem auctoritatem habere, arbitrata. Augustinus
autem e iustitia divina potius pro peccato originali argumentum desumpsit, quum mala et miserias et debi-
litates, quibus infantes tenerentur, nisi iniustus deus
perhiberetur ad culpam quandam referenda esse, atque ita peccatum originale stabiliri putaret. (op. imp. I,
57. II, 81. III, 7. 68.). Hoc argumentum ad illam quaestionem respicit, an mors, morbi, dolores peccato ef-
fecti esse existimentur. Pelagiani haec omnia ad mutabilitatem naturae pertinere voluerunt: Augustinum
autem hac in re errare supra, quum de statu princi-
pali hominum dissereremus, demonstravimus, quod ab
initio mutabilitatem valere negaret. Praeterea in notione poenae positum est. quod semper ad conscientiam culpae spectet; parvulus autem, quum nec peccatum nec culpam noverit, debilitatem et miseriam non
ut poenam patitur. — Peccatum alienum vero con-
tagio propagari, hoc quoque Pelagiani repudiabant.
Nam illud fieri non posse, nisi quis animas generatione nasci putaret. Quod quum recte videret Pelagius, ad totam doctrinae Augustini indolem aptum esse

dixit: *Si anima non est ex traduce, sed sola caro, ipsa habet tantum traducem peccati, et ipsa sola poenam meretur.* (de pecc. mer. III, 3.). Animam vero non carnem peccatum gerere, Augustinus ipse statuit, quum vel animae cupiditates sint, quae propterea carnis dicantur, quia .secundum carném anima concupiscat. (c. Iul. V, 7.). Et ex eo, quod diabolus peccator sit, concludit, ne in homine quidem carnem causam peccati esse, sed animam, ·quia ille carnem non habeat. Quamobrem Augustinus .doctrina praemissa impulsus, ut animam cum corpore nascentem contagium trahere diceret, propagationem peccati in anima haerentis cum podagra a patre in filios transmissa comparavit. (op. imp. II, 177. cf. c. Iul. VI, 6.). `Rursus hac re patet, indolem animi ad modum qualitatis corporeae revocari, et quod corpus externe mutari possit, hoc ad animam quoque transferri. Verumtamen illum traducem animae, de quo summa doctrinae pendet, omni vi affirmare Augustinus dubitat, quum *res profunda obscuritate lateat.* (op. imp. IV, 104.). Alioque loco profitetur se Pelagianorum argumenta contra illam doctrinam non posse refellere. Cur vero tam male firmatum locum relinquere nolit, simul docet, unde perspicimus, quanam causa ad totam doctrinam perductus sit. Commemorat enim, testimoniis divinorum eloquiorum apparere neminem praeter societatem Christi ad salutem aeternam pervenire posse. Parvulos, quum· baptismate in ecclesiam recipiendi sint, nisi hoc eis collatum fuerit, ad damnationem pertinere; quoniam autem propria non commiserint peccata, reliquum esse, ut intelligatur, vel si hoc nondum possimus, saltem credatur, trahere parvulos originale peccatum. (de pecc. mer. III, 4.). Iam ergo hoc quoque loco cognoscimus, Augustinum scientiae puritatem solam non coluisse, sed auctoritatem ecclesiae secutum esse, quae baptismate peccatum remitti praedicavit. Simul autem discrimen imminebat, annon

haec utilitas ecclesiae in dei damnum verteretur. Nam
Pelagiani etiam illud concludebant, homines ad hoc
a-deo fieri, ut a diabolo legitimo iure teneantur, (c.
Iul. III, 9.) Deum ad inimici sui lucrum semper
industrium esse. (ib. VI, 9.). Videtur certe deus,
quum omnes liberi cum peccato originali nati domina-
tioni diaboli subderentur, non solum causa mali fieri,
sed etiam suo opere partes inimicas firmare atque con-
servare. Ad hoc vero respondet, homines opus dei
esse, in quantum homines sint, sed sub diabolo esse,
in quantum peccatores sint. (c. duas epp. Pel. I, 18.
c. Iul. III, 46.). Et diabolum, quum ipse creatura
sit, bonum aliquod esse, et homines diaboli dominatui subiectas in potestate creaturae esse, neque ea re
potentiam dei effugere contendit. (de nupt. I, 23.).
Iam vero manifestum est, Augustinum, quum conse-
quentiae doctrinae demonstrantur, iterum ad mitiorem
sententiam confugere, quae quod differant ipse non intellexit. — Aliud a Pelagianis doctrinae Augustini
vitio vertitur: si in concupiscentia vis peccati sita sit,
nuptias ad genus propagandum institutas damnandas
esse videri. Augustinus vero distinxit inter concupiscentiam et bona nuptialia, propter quae concupiscentia culpa
caret. Haec sunt voluntas generandi prolem deo renas-
cendam, oppressa mera libidinis concitatione, fides,
quam inter se coniuges componunt, et sacramentum
indissolubile. (de nupt. I, 10. 17.). Haec res ad
gratiam, qua peccatum tollitur pertinet, de qua si dis-
seremus, hanc quoque rem attingemus. Ut vero Pelagiani integritatem nuptiarum salvarent, negabant omnino
concupiscentiam carnalem peccatum esse, sed quum
sit sensus carnis, qui non nisi ultra modum positum
excedens culpam contrahat, eam vituperandam non esse
statuebant. (op. imp. III, 142. IV, 27. 42.). Augustinus rem eo retulit, quod concupiscentia et conti-
nentia inter se decertarent, e quibus, quum duo bona

non possent sibi repugnare, altera dei opus esse non posset. (c. Iul. IV, 13.). *Nulla pugna sine malo. Quando enim pugnatur aut bonam pugnat et malum, aut malum et malum, aut si duo bona inter se pugnant, ipsa pugna est magnum malum.* (ib. V, 7.). Haec sententia rursus eo spectat, quod hominis mutabilis natura iniuste immutabilem et simplicem conditionem reliquerit. Et quamvis Augustinus perseveret in ea opinione, Adamum, nondum in peccatum et concupiscentiam delapsum, verum corpus gessisse, et sine libidine, sola voluntate motum concumbere -potuisse, (c. Iul. IV, 11.) tamen ne Augustinus quidem tale corpus cogitatione formare potest, quod omni appetitu et sensu careat. Hoc apparuit in quaestione de persona Christi. Collegit enim Iulianus, etiam Christum, si homo verus fuerit, secundum Augustinum reatum originalem traxisse, si vero non traxerit, eum 'non eandem nobis carnem habuisse, neque quum illecebras sensuum superare non debuerit, nobis virtutis exemplum praebere posse. (c. Iul. V, 15. op. imp. IV, 46. seq.). Quod discrimen ut effugeret, Augustinus media quadam via ambiguam notionem invenit, qua Christum similitudinem carnis peccati gessisse docuit. Nam mater eum sine concupiscentia concepit, nulla virili concupiscentia genitum, quamobrem mortalitatem quidem sed non reatum ab initio accepit. Ita veritatem membrorum, sed non cupiditatem peccatorum, sensum carnis, non vero concupiscentiam habuit. Pelagianorum sententiam autem ita intellexit, quasi Christum sicut virtute omnium maximus fuisset, ita in carne libidinosissimum fuisse oportere putarent, quia quo maiorem libidinem superavisset, eo magis laudem virtutis meritus esset. (op. imp. IV, 49.). Sed iniustissime hanc conclusionem fecit, quum ad perfectam virtutem illi superari aliquam carnis repugnantiam oportere vellent, neque vero ut magna peccati vis subiiceretur, postularent. Attamen illa similitudo carnis Christo tributa a vera carne

ita

ita aliena est, ut omnino similitudo a veritate. Nam sensus carnis ille nihil in Christo valere, neque eum quod utique scriptura sacra testatur tentare potest, quia Augustinus dicit, sensum quo cupiditatem sentiret ei non defuisse quidem, sed simul voluntatem adfuisse, qua non haberet (l. c. IV, 48.). Quum igitur appetitus naturales in Christo voluntati divinae naturae subiecti esse videantur, ' non suam vim in illo habent; ergo humana natura ipsa simulata esse videtur. Iam vero tota de peccato originali doctrina eo deducta est, ut in corpore humano peccatum haerere videatur. Quum igitur homo in duas partes divisus sit, quarum altera, spiritus bona sit, altera, caro peccatum efficiat, Augustinus hac doctrina in Manichaei utique errorem lapsus esse videtur. Et cum, quamquam acriter eos oppugnabat, antea Manichaeorum fautor fuisset, facile est ad opinandum, eum integras eorum doctrinae partes in fidem suam catholicam transtulisse, vel potius totum systema haereticum sub velamine rectae fidei conservasse. Hoc vero non est: sed principia quae doctrinae suae subdit, a fundamento Manichaeismi longe aliena sunt. Nam discrimen originale inter bonum et malum, spiritum et materiam, quod Manichaei. cum mundo creando subiiciunt, tum per totam mundi vitam adesse demonstrant, e decretis religionis Persicae derivetur necesse est. Principia autem ad quae Augustinus mundi exsistentiam revocat, ad philosophiam pertinent. Principia Manichaeismi non ad puritatem cogitationis perducta sunt, sed mixta simul cum forma sensibili considerantur. Quum enim spiritum et materiam diversas prorsus substantias ad certamen vel unionem. quandam componi oporteat, aut spiritus imagine luminis concipitur, ut tenebris opponatur, aut tenebris vis animi quaedam inesse fingitur, ut cum spiritus claritate concurrere possint. Indoli quippe religionis naturalis accommodatum. sit, spiritum et naturam ita inter se miscere et confundere. Augustini vero doctrinam vidimus teneri in discrimine essentiae et nihili. Et quamvis eum in dualismo quodam doctrinam condere oporteret, tamen ne obliviscatur quis, eum eo tetendisse ut illud discrimen solveret. Quum ergo hac re iam a Manichaeis differret, etiam illud discrimen essentiae a nihilo, quod Augustinus tenet, non idem est, quod inter spiritum et materiam. Sed hoc ad obscuritatem contemplationis pertinet, illud in puritate cogitationis philosophicae versatur. Itaque prohibet sententia Augustini, quominus notiones quaedam pleniores, materia et malum statim cum nihilo illo permutentur. Nam docet, etiam animam humanam de nihilo factam, (de civ. dei XIV, 11.) et omnem naturam, etiam ex nihilo creatam bonam esse, malum autem peccato animae exortum esse. Sed quamvis peccatum saepius animae vindicetur, tamen summopere ad carnem id refert. Hanc certe doctrinam e Manicheismo eum hausisse, eo fa cilius suspicetur quis, quo magis contradictionibus implicata sit. Sed non est, cur ad talem explicandi rationem confugiamus. Mihi quidem ea re quod peccatum non in animo solum exoriri sed in naturam quoque vertisse putaret, ordinem doctrinae deseruisse videtur. Sed si quaerimus, cur decretum, quod ut sententiarum nexus postularet, tantum aberat, ut eum paene divelleret, receperit, haec ratio magis mihi probatur. Tota veteris ecclesiae indoles talem doctrinam fere postulavit. Inimicitia enim antiquorum christianorum contra mundum etiam corpus, quippe sedem libidinis complexa, id simul imperio diaboli subditum esse putavit. Quam haec res maxime auxit, quod libido illa in cultu deorum quorundam graecorum summum valuisse videbatur. Itaque vita ascetica Christianorum primis aevis clarissimum testimonium exhibet, eos semper ex corpore peccata exoriri sensisse. Hanc ipsam sententiam secutus Augustinus ordine doctrinae relicto, peccatum originale in corpore positum esse vult. Accedit quod illud certamen sua ipsius experientia. cognovit. Iam vero Augustinum tantum abesse, ut doctrina eius a Manichaeorum pendeat; ut eos longe superet, ex alia parte manifestum erit. Nam Manichaei, quamvis animum et naturam sibi contradicere velint, tamen ita utriusque indolem permutant, ut et animus in modum naturae et natura in modum animi se explicare posse videantur. Sed patet Augustinum id certe egisse, ut animi viam aliis quam naturae legibus obstrictam esse ostenderet, ut libertatem a naturae necessitate distingueret. Primum peccatum Adami, quo totam naturam humanam in vitium deiecit, tanquam signum est, quo libertas a regione naturae separetur. Sed Manichaei, quantumvis liberam quandam conditionem homini tribuere videantur, hanc a processu naturali distinguere non possunt. In homine enim eodem modo naturae lucis et tenebrarum inter se decertant, qno in toto mundo; itaque etiam sententiae variae, quas Manichaei de lapsu animarum praebent, non id volunt ut fide historica probetur, quomodo homo se ipsum per libertatem naturae opposuerit, sed ad mythos, quibus in universum certamen duarum naturarum describitur, pertinent. Itaque quum peccatum originale, quantumvis omnem libertatem tollat a libera Adami voluntate pendeat videtur Augustinus cognovisse, voluntatem humanam non in illa pura eligendi libertate consistere, et iam studuisse ut voluntarium et necessarium quodam modo coniungat. Si vero ex tali scientiae studio illa doctrina orta est, manifestum est, eam a Manichaeismo distingui. Hoc satisfecerit ad refutandum illud opprobrium, quod Augustini *decreta* de peccato originali errorem Manichaeorum sapiant.

Reliquum est, ut inspiciamus, quid Pelagiani loco illius doctrinae poni voluerint, postquam quae singula Augustino obiecerint enarravimus. Libertas arbitrii quam voluerunt, talis erat, ut inde peccatum fortuito sequi, quae tamen ex animo hominis exstirpari non posset. Itaque *peccantes iustitiae conscientiam quidem et meriti qualitatem, sed non naturam liberi arbitrii perdere possunt.* (op. imp. I, 91. 96.). Si vero peccatum fortuito homini accidit, Pelagiani inde recte concludebant,. hominem posse esse sine peccatis, quod Caelestius ita profert: *Quaerendum est, quid est peccatum, naturale an accidens. Si naturale, peccatum non est, si autem accidens est, recedere potest, et quod recedere potest. vitari potest, et quod vitari potest, potest homo sine eo esse, quod vitari potest.* (de perf. iust. 2.). Sed noluerunt nisi illam possibilitatem servare, neque alicubi hominem liberum peccato demonstrare. (de nat. et grat. 36. 38.). Nam difficile esse ad virtutem perveniri, maximeque cavendum esse, ne quis in hac vita se iustitiam assecutum esse arbitretur, Pelagius in epistola ad Demetriadem amplius. exponit. Nam experientia docti, peccatum totum hominum genus occupare, ratione ab Augustino diversa, sed non plane dissimili vitii vim et potestatem probaverunt. Servarunt quidem liberum cuiusque arbitrium, eo quod, si omne peccatum ad Adamum referretur, id inde per imitationem redundasse dicerent. (de pecc. mer. I, 9.). Attamen iam omnium libertas in peiore conditione sita esse videbatur, quia omnibus exemplum peccati Adami ante oculos positum esset, et Iulianus concedit, exoriri peccando consuetudinem malam, quae ab eruditis etiam seculi dici soleat secunda natura. (op. imp. I, 69.). Quum igitur secundum Augustinum peccatum fortuito per unum repleverit mundum, Pelagiani servato omnium arbitrio, fortuita omnium consuetudine tantam vim assecutum esse contenderunt. Ea autem re, quod consuetudo mala ab illis agnoscitur, iam in discrimen vocatur, an libertas hominis in sola possibilitate eligendi bonum aut malum consistat. Idem fit, si iustitia in homine ponitur. Quum vero Pelagiani tales, res tam raro attingant, patet eorum mentes non ad explicatam animi humani indolem intelligendam versas esse, sed eos id egisse, ut definito libero arbitrio terminum inter naturam et animum ponerent. In hac re toti versati fundamenta doctrinae Augustini ab initio labefactabant, sed quum nihil positivi haberent, quod loco illius ponerent, contra Augustinum nihil valebant.

III.

De gratia.

Deus, quum potentiam habeat, qua peccatum superare et ad bonum eventum ducere valeat, gratia sua et peccata remittit, et vim animi humani, ut bonum faciat restituit. Gratia praebetur homini in ecclesia catholica. Quum vero homini duplex peccatum, et originale et proprium inesse soleat, iam in ecclesia duplicem formam gratiae invenimus, quarum altera in baptismate, altera in operatione spiritus caritatis ecclesiae insiti consistit. Quamvis enim baptismate, si a maioribus natu accipitur, etiam propria peccata condonentur, (c. duas epp. Pel. III, 3. 5.). tamen, quum summopere parvuli baptismate uterentur, baptisma ad originale peccatum tollendum referebatur. Augustinus igitur de eo haec docebat: *Baptisma non propria peccata remittit in parvulis nondum voluntate usis, quum vero peccatum aliquod tollendum est, originalem aegritudinem sanat.* (de pecc, mer. I, 19.), *Reatus solus concupiscentiae propter baptisma non imputatur, quamvis concupiscentia ipsa maneat, neque cesset hominem ad peccandum incitare.* (de nupt. I, 26.). *Nihilominus parvuli statim de diaboli potestate redimuntur, quia exorcismo inde solvuntur, et per corda et ora gestantium ei renuntiant.* (l. c. I, 20.). *Itaque baptismate accepto parvuli, si antequam propria peccata commise-*

rint moriuntur, in regnum coelorum tanquam sancti et iusti transeunt. (op. imp. V, 64.) Quum vero inde colligendum esset, parvulos, si non baptizati morte opprimerentur, ad aeternam damnationem nasci, tamen in mitissima damnatione tales esse Augustinus concessit. (de pecc. mer. I, 16.) Sed damnari eos certissime affirmavit, quia praeter Christi societatem ad vitam salutemque nemo hominum pervenire posset. (l. c. III, 4; I, 28.). Quaeritur ergo, an haec vis baptismatis talis sit, ut ad gratiam pertinere videatur? Quum iam demonstratum sit, peccatum originale, quippe quod homini non sit proprium, voluntate non accedente quiescere, manifestum est, etiam reatum eius nonnisi eo quod voluntas concupiscentiae consentiat, ad hominem pertinere posse: et si quis reatus peccati originalis inveniri possit, eum in reatu singulorum peccatorum apparere. Neque enim cogitari potest, peccatum originale, quod non verum peccatum est, reatum habere. Itaque si baptisma non omnium peccatorum reatum tollit, ne peccati originalis quidem reatum tollit. Quod si ipsum manet etiam reatus eius manet. Tamen haec duo separari posse, eo probare nititur, quod si quis fecerit adulterium reus sit adulterii donec remittatur quamvis illud quod admiserit iam non sit, quia cum tempore quo factum sit praeterierit. (de nupt. I, 26.). Quo tamen exemplo rem plane contrariam probare nequit, quum inde potius colligi debeat, peccatum, quod actu maneat, minus a reatu liberari, quam quod praeterierit. Pelagiani postulabant, ut non reatus solum, sed peccatum originale ita tolli diceretur, ut in baptizatis nec ipsum ad peccandum sive ad se propagandam valeret, et mors ceteraeque peccati poenae cessarent. Itaque hoc proponebant: *Si peccator genuit peccatorem, ut parvulo eius reatus originalis peccati in baptismi acceptione solvatur, etiam iustus iustum gignere debuit.* (de pecc. mer. II, 9.). *Si mors peccato dicitur accidisse ablationem mortis amotio peccati debet operari.*

(op. imp. II, 93.). Neque iniuste talia postulabant,
quum sicut peccatum in naturam verterat, opus esset,
ut etiam gratia quasi naturalis fieret, ut peccatum e
natura eiiceret. Quum autem Augustinus in doctrina
sibi non constaret, non animadvertit, si sanctificatio-
nem corporis per baptisma absurdum esse putaret, se
suam doctrinam de peccato originali damnare. Si ergo
quaerit: *quare de Christianis non Christianus nascitur
nisi, quia non facit generatio sed regeneratio Christia-
num*, (de pecc. mer. III, 9.) tunc ne peccatum quidem ad generationem referri debuisset. Quum autem
concupiscentiam et mala naturalia eam ob causam ma-
nere arbitretur, ut fides fieri possit, iam alium gratiae
modum indicat. Prius quam vero ad hunc contemplandum progredimur, eo animum advertimus, qua auctoritate baptisma gratiam praebere dicatur.

Qua de causa breviter exponamus, quid Augustinus de ecclesia censuerit. Ut intelligatur in ecclesia
plenitudinem gratiae depositam esse, intimam eius cum
Christo coniunctionem statuit, qua *homines sancti et
fideles eius fiant cum homine Christo unus Christus, ut
omnibus per eius hanc gratiam ascendentibus ipse unus
Christus ascendat in coelum, qui de coelo descendit.
Sicut et apostolus ait: Sicut in uno corpore multa
membra habemus, omnia autem membra corporis cum
sint multa, unum est corpus, ita et Christus. Non
dixit: ita et Christi, vel membra Christi, sed ita et
Christus, unum Christum appellans caput et corpus.*
(de pecc. mer. I, 31.). *Totus Christus caput et corpus est. Caput unigenitus, dei filius et corpus eius ecclesia. Quicunque de ipso capite scripturis sanctis con-
sentiunt et unitati ecclesiae non communicant, non sunt
in ecclesia.* (de unitate eccl. 7.). Qui autem ad societatem ecclesiae pertinet hoc fide sua probat. *Nostra enim fides, inquit, i. e. catholica fides iustos ab
iniustis non operum sed ipsa fidei lege discernit. Per
quam discretionem fit, ut homo ducens vitam sine*

vitio cum suis tamen istis velut laudabilibus moribus, si non in deum fidem rectam et catholicam teneat, de hac vita damnandus abscedat. Alius autem habens qui-dem opera bona ex fide recta, quae per dilectionem ope-ratur, non tamen, ut ille bene moratus, propter rectam fidem in consortium cum Christo recipitur. Et fit pro-pter hanc maximam differentiam, ut quum perseverans virginalis integritas coniugali castitate sit potior; tamen mulier etiam bis nupta professae virgini haereticae prae-feratur. (c. duas epp. Pel. III, 5.). Addit Augustinus ad hanc catholicae fidei dominatum etiam auctoritatem episcoporum et praecipue sedis apostolicae Romanae, qua traditio fidei conservetur. (de utilitate credendi 35; c. ep. Manichaei 5.). Quum ita unitas et singularitas ecclesiae catholicae vindicata sit, sequitur, nisi quis vitam in ecclesia degat, eum gratiae non participare. *Habere enim caput Christum nemo poterit, nisi qui in eius corpore fuerit, quod est ecclesia.* (de unit. eccl. **49.**). Neque enim eo quod orti sumus ad aeterna transire possemus, nisi aeterno per ortum nostrum nobis sociato, ad aeternitatem ipsius traiiceremur. (de civ. dei **XI, 2.**). Quamobrem etiam meritum Christi per ecclesiam ad hominem pertinet. Meritum vero in morte acquisi-vit, qua et diabolum homini subiugasse, nihil ei extor-quens violento dominatu, sed superans eum lege iusti-tiae; (de lib. arbitr. III, 10.). et sine malis meritis poenam suscepisse dicitur, ut nos per illum sine bonis meritis consequeremur gratiam. (c. duas epp. Pel. IV, **4.**). Ad id quod Christus morte sua consecutus est, baptisma spectat, quo, quum Christus homines e dia-boli potestate liberaverit, unus quisque a diabolo re-dimitur. (de pecc. mer. I, 26.). Sacramento igitur gratia et remissio peccatorum confertur, quasi praesente Christo. Quare manifestum est, cur Augustinus homi-nes coniugatos concupiscentiae malo bene uti existima-vit. Censet enim inter bona nuptialia sacramentum quod solvi nunquam liceat. (de nupt. I, 10. 16.).

Sa-

Sacramento nuptiarum autem ea gratia collata esse videtur, qua reatus a concupiscentiae appetitu separetur. In quibus rebus iam, eam rationem invenimus, qua ecclesia catholica, qualis est, regnum dei esse et sacramentis gratiam et salutem praebere-sibi videatur. Quare etiam spiritus caritatis non nisi in ecclesia catholica inveniri dicitur: *Ipsa est enim caritas, quam non habent, qui ab ecclesiae catholicae communione praecisi sunt. Non habent dei caritatem, qui ecclesiae non diligunt unitatem, ac per hoc recte intelligitur dici non accipi nisi in catholica spiritum sanctum..* (de baptismo c. Donatistas. III, 21.). In catholica ergo ecclesia, licet non per sacramenta tantum, fieri debet iustificatio, qua deus non solum peccata dimittere sed etiam caritatem donare dicitur. (op. imp. II, 165.). Si ergo bonae voluntatis substantia in homine posita est, quaeritur, an Augustinus putet, hominem eam libere, suoque iure explicare. Com plura utique in hanc sententiam dicta invenimus: *Hominis qualitas baptismo non tota continuo commutatur: sed spiritales primitiae in bene proficientibus de die in diem novitate crescente commutant in se, quod carnaliter vetus est.* (de pecc. mer. II, 27.). *Concupiscentia manens operatur desideria contra quae dimicant fideles,* (c. Iul. II, 3.) *sed iam non est peccatum, quando illi ad illicita opera non consentitur.* (de nupt. I, 23.). Neque vult officiis sed finibus virtutes a vitiis discernendas esse, officium esse quod faciendum, finem vero propter quod faciendum sit. (c. Iul. IV, 3.). Probatur autem eo, quod homines fines suos sequantur, voluntates esse proprias. Tamen haec sententia totius doctrinae indole evertitur, quum et singulae quaeque actiones voluntatis ad dei opus referantur, et fides, quae utrum dei an hominis sit, longius disseritur, denique et ipsa hominis voluntati derogetur. Fides enim ipsa quam postulat, et qua sola ad salutem perveniri dicit, omnem libertatem aufert. Contendit quidem, ut gratia in baptismate etiam ad parvulos pertinere possit, eos cre-

dere per corda et ora gestantium (c. Iul. VI, 3.) quasi
hoc modo libera voluntate recipiatur. Si vero .fides,
qua dignitas hominis ` constituitur, · revera animi eius
substantia esse debet, fieri non potest,. ut in fidei locum ·alius succedat. Sed fides catholica ita extra hominis potestatem posita est, ut Augustinus denique eo
pergat, ut fidem ipsam dei donum, homini igitur alienum esse statuat. Dubitat quidem quin fortasse fides
ipsa, in qua salutis, vel ad salutem connexionis videtur exordium in nostra constituta sit potestate. (de
spir. et lit. 31.). Tunc..eo pergit, ut contendat, liberum ·arbitrium animae. rationali naturaliter attributum
mediam vim esse quae vel intendi ad fidem vel incli-
nari ad infidelitatem possit, et quum ad credendum eos
deus vocet, non ·adimi liberum arbitrium, quo utentes
bene vel male.iustissime iudicentur. (l. c. 33.). Quodsi
deus in hominibus agat, ·ut credant, profecto ipsum
velle credere deum operari in homine, consentire autem vocationi dei, vel ab ea dissentire propriae voluntatis esse. (l. c. 34.). Ita subito libertatem arbitrii
esse statuit, quam alias peccato perditam esse dicit.
Quare in hac sententia non constitit, sed secundum to-
tam·doctrinae indolem voluit etiam voluntatem fidei gratiae dei deberi. (de praedestinatione sanctorum 2. de
grat. et lib. arb. 7. 14.). Si igitur homo sua voluntate nihil boni operatur, necessarium erat etiam' hoc
addi: *Interna et occulta, mirabili ac ineffabili potestate
operatur deus in cordibus hominum non solum veras
revelationes, sed bonas etiam voluntates.* (de grat. Chr.
24.) *Non solum deus posse nostrum donavit et.adiuvat,
sed etiam velle et operari operatur in nobis.* (l. c. 25.).
*Neque quae in bonis et malis appellantur externa, sicut
divitiae, paupertas &c. casibus feruntur incertis. Etiam
haec catholica fides ita demit humanae ut divinae tri-
buat potestati.* (op. imp. III, 109.). Quare quum ul-
tima libertatis species sublata esset, iam cognoscimus
eum suam ipsius sententiam veritum esse, si loco su-

pra citato addit: *Non quia nos non volumus, aut nos non agimus: sed quia sine dei adiutorio nec volumus aliquid boni nec agimus...* (de grat. Chr. 25.). Si deus non nisi adiuvat, iam voluntas integra esse videtur, quod etiam ex eo concludere possis, quod gratia tantum illuminationem animi efficere et ad notitiam boni secreti ducere feratur. (de pecc. mer. I, 9; II, 17.). Itaque Augustini sententia sibi non constat, quum et hominis voluntas operatione dei absorberi, et operatio dei, nomine adiutorii, ad hominis integram voluntatem addi dicatur. Itaque, quum gratiam cooperantem ad singulos actus voluntatis addi velit, gratiam finibus includit. Gratia vero talis est, quae fines a voluntate humana positos minime patiatur, quum nullum hominis meritum relinquatur, propter quod ei gratia inspiretur. *Nam spiritus,* inquit, *sanctus, qui caritatem diffundit, spirat ubi vult, non merita sequens, sed etiam ipsa marita faciens. Non enim gratia dei erit ullo modo, nisi gratuita fuerit omni modo* (de pecc. or. 24.). Et quum initio certaminis cum Pelagianis postulasset, ut voluntas gratiae consentiret, in libro posteriore (de correptione et gratia 12. 14.). rectissime doctrinam eo deduxit, ut hominem non posse gratiae resistere contenderet. Quod igitur in voluntate hominis bonum apparet, non ad ipsum sed ad deum referri debet. Quum haec sententia Augustini sit, justissime quaestio exoritur: annon infideles et impii immerito se veluti iuste excusare videantur, ideo se non credidisse, quod deus sibi istam voluntatem dare noluerit. (de spir. et lit. 33.). Attamen Augustinus non vult deum sicut quosdam ad gratiam salutemque praedestinaverit, ita peccatores suo consilio ad peccata aeternumque supplicium ducere.

De praedestinatione enim hoc docet: *Mortis regnum in homines usque adeo dominatum est, ut omnes in secundam quoque mortem, cuius nullus est finis, poena debita praecipites ageret, nisi inde quosdam indebite dei gratia liberaret.* (de civ. dei XIV, 1.). *Certum nume-*

*rum non iam merilis, quandoquidem universa massa tan-
quam in vitiata radice damnata est, sed gratia discrevit.*
(ib. 26.). *Haec est illa electio, qua eos quos voluit, ele-
git in Christo ante constitutionem mundi, ut essent sancti
et immaculati, praedestinans eos in adoptionem filiorum.*
(de dono persev. 18.). *Praedestinatio dei, quae in bono
est, gratiae est praeparatio, gratia vero est, ipsius praedestinationis effectus.* (de praed. sanct. 10.). *Quicunque ab originali damnatione discreti sunt, non est du-
bium, quod eis procuratur audiendum evangelium, et cum
audiunt credunt.* (de corr. et grat. 7.). *Ex his nemo
perit, quacunque aetate moriatur. Absit enim, ut prae-
destinatus sine sacramento mediatoris finire permittatur,
hanc vitam.* (c. Iul. V, 6.). *In fide quae per dilectionem operatur, usque in finem perseverant, et si quando
exorbitant, correpti emendantur, et quidam eorum, etsi
ab hominibus non corripiantur, in vitam, quam relique-
rant, redeunt, et nonnulli accepta gratia in qualibet aetate periculis huius vitae mortis celeritate substrahuntur.*
(de corr. et gr. 7.) *Ipse igitur facit perseverare in bono,
quos bonos facit. Qui autem cadunt et pereunt, in praedestinatorum numero non fuerunt.* (ib. 12.) *Tamen
societas praedestinatorum non eadem est, quae ecclesia,
nam in ecclesia miscentur bonis multi reprobi,* (de civ.
dei XVIII, 49.) *et inter vocatos, i. e. qui externae
societatis ecclesiae participant, sunt pauci electi vel ad
propositum vocati.* (de corr. et gr. 7.). *Nam filiis qui-
busdam suis deus non dat istam perseverantiam. Absit
enim, si ita esset, ut de illis praedestinatis essent, et
secundum propositum vocatis. Nam isti cum pie vivunt,
dicuntur filii dei, sed quoniam victuri sunt impii, et in
eadem impietate morituri, non eos dicit filios dei praescientia dei. Sunt enim filii dei, qui nondum sunt nobis
et sunt iam deo, quod utique credendo futuri sunt per
evangelii praedicationem. Et sunt rursus, qui propter
susceptam vel temporaliter gratiam dicuntur a nobis,
nec sunt tamen deo.* (ibid. 9.). *Qui vero perseveraturi*

non sunt, ac sic a fide christiana et conversatione la-
psuri sunt, ut tales eos vitae huius finis inveniat, pro-
cul dubio nec illo tempore, quo bene pieque vivunt, in
istorum numero computandi sunt. (ib. 7.).

Exoritur vero quaestio, nonne hanc ob rem Augustinus etiam peccatores ad vitia praedestinari statuerit? Si enim certus numerus ad salutem praedestina-
tus sit, ceteri, qui eo non recipiuntur, sed in damnatione relinquuntur, dei consilio et voluntate in peccatum deiici videntur. Sed *quamvis civitas hominum una*
praedestinata sit in aeternum regnare cum deo, altera
aeternum supplicium subire cum diabolo, (de civ. dei XV,
1.) *altera damnatur non e dei consilio puro, sed propter*
iniquitatem superbiae. (de pecc. mer. II, 17.). Quare
praefert Augustinus damnationem alterius hominum partis praescientiae dei committere, cui genus humanum,
massam perditionis esse certum sit. Praedestinavit ad
supplicium, quia praescivit peccatum. Neque hi qui
damnantur, iniustitiam dei accusare possunt, quod quum
alios in gratiam receperit, se ipsos in poena reliquerit.
Quare negat in gratia praestanda apud deum personarum acceptionem esse. *Deus enim in malis hominum*
merita eorum debita retribulione persequitur, bona vero
per indebitam gratiam misericordi voluntate largitur.
(c. duas epp. Pel. II, 6.). Sed cui gratiam conferre
statuerit, cui non, hoc in Dei solius voluntate positum
est, de qua quaerere vel iudicare Augustinus prorsus
vetat, quum deo liceat, ex eadem massa vitiata ac da-
mnanda quosdam salvare, ceteros poenae debitae sub-
iicere. Quamvis ergo hi per vitam salutem acquisituri
non sint, tamen eos creat, *quandoquidem in eis et ex*
eis, et quid eorum culpa mereretur, et quid sua gratia
donaretur, posset ostendere. (de civ. dei XIV, 26.).
Iam vero haec doctrina in id discrimen venit, quod aut
iustitia, dei necessaria, gratia vero fortuita, aut si gratia necessaria, tum, quod quidam in peccatis relicti sunt,
iniustum esse censeatur. Si enim secundum Augustini

sententiam, spiritus gratiae hoc agit, ut *imaginem dei, in qua naturaliter facti sumus, instauret in nobis,* (de spir. et lit. 27.) si gratia *non lapidibus et lignis pecoribusque praestatur, sed quia imago dei est, meretur hanc gratiam,* (c. Iul. IV, 3.) tunc totum genus hominum non solum dignum est, quod gratiam accipiat, sed his sententiis necessitas gratiae firmari videtur, qua postulatur, ut iustitia etiam gratiae se subiiciat. His autem raris sententiis obstat maximus numerus eorum, qui non gratiam, sed iustam damnationem inter deum et homines intercedere oportere perhibent. Nam Augustinus ita imaginis dei solet oblivisci, ut eos, qui omnibus hominibus gratiam vindicare student hac quaestione reiiciat: *annon habet potestatem figulus luti, ex eadem massa originis vitiatae ac damnatae facere aliud vas in honorem secundum misericordiam, et aliud in contumeliam secundum iudicium?* (c. Iul. IV, 5.). Gratiam generi humano fortuito accidisse etiam ex ea ratione concludi licet, qua tot homines gratia redimi dicit, quot angeli peccato perierint, ut horum locum homines occupent, (Enchiridion de fide, spe, caritate. cap. 29.) quum non per suam naturam homines redemtione digni esse videantur. Quare deus, quum alteri hominum parti iustitiam, alteri gratiam obtenderet, ipse bipartitam quasi essentiam habet. Et quoniam conditio utriusque et iustitiae et gratiae ipsa fortuita sit, quum et peccatum hominum, in quo puniendo iustus est, et peccatum angelorum, ad quorum! numerum compensandum ad gratiam hominis praedestinavit praeter ordinem mundi acciderit, — etiam illae dei qualitates fortuitam originem traxerunt, neque necessitate inter se coniunctae sunt. Quod etiam inde perspici potest, quod non iustitia et gratia dei inde ab initio doctrinae totam rem dirigant, sed omnipotentia. Si enim iustitia valuisset, iam statim, quum homines peccavissent, interimi debuissent. Si vero omnia iam ab initio ad gratiam spectavissent, peccatum necessarium ut gratia superetur apparuisset. Augustinus vero semper ad dei omnipotentiam provocat, qua ex malis boua facere possit, et ideo peccatum exsistere concedat, quum *potentius et melius esse iudicet. etiam de malis bene facere, quam mala esse non sinere.* (de civ. dei XXII, 1.) Omnipotentia autem est vis fortuiti, quod ratione caret. Quantumvis fortuita igitur ratio inter iustitiam et gratiam dei esse videatur, tamen quod haec differentia in deo relicta sit, ad initium doctrinae de deo miro quodam modo respicit. Doctrina illa haec duo semper tenuit, quod et contradictio inter essentiam et nihil esse videatur, et essentia sola exsistere credatur, quia nihil nullam vim habeat. Simile quid inter deum et peccatum intercedere invenimus, quum partim peccatum ad deum non pertinere et bonae naturae nonnisi accidere, partim suam vim maximam contra deum bonamque naturam habere dicatur. Hae duae rationes inter se certantes nunc in dei notione rursus apparent. Iustitia enim, qua peccatum aeterno supplicio punitum in aeternum usque conservatur, id agit, ut contradictio inter essentiam et nihil teneatur. Gratia autem, qua ab aeterno homo cum deo coniunctus est, ita ut peccata, quae committit, et tota vita propria species sit, qua aeterna electio minime perturbatur, per quam post hanc vitam talem conditionem accipit, ut peccare non possit, ostendit, essentiam solam esse, et nihil vere nullam vim habere.

De gratia autem Augustinus ipse diversa et contraria docuit. Quum enim gratia in ecclesia praeberi, societas autem ecclesiae in fide suscipi ferretur, hominibus voluntatem credendi ut propriam concedi necesse erat. Quum vero hanc quoque ad dei gratiae operationem referri mallet, ne ulla homini libertas relinqueretur, debuit gratiam constituere, quae non in ecclesia posita esset. Per hanc occultam praedestinationis gratiam autem illa in ecclesia condita exinaniri et evanescere videtur. Nam iam patriarchae et prophetae Iudaeorum gratia praedestinationis fruebantur, neque Augustinus negare vult, etiam in aliis gentibus fuisse, qui ad coelestem societatem per-

Sententiae controversae.

I. Religio christiana est historia ipsius.

II. Cultum dei finibus iuris circumscribere non licet.

III. In doctrina S. Augustini pantheismus cernitur.

IV. Perperam eos statuere censeo, qui philosophiam Hegelii Pelagianismum sapere putant.

V. Socrates Sophista fuit.

VI. Per peccatum ordo mundi non est inversus.

Lightning Source UK Ltd.
Milton Keynes UK
UKHW012324120119
335431UK00006B/428/P